CANDIDE MARIÉ,

OU

IL FAUT CULTIVER SON JARDIN,

COMÉDIE

En deux Actes, en Prose & Vaudevilles;

Par MM. RADET & BARRÉ;

Représentée pour la première fois par les Comédiens Italiens Ordinaires du Roi, le Vendredi 20 Juin 1788.

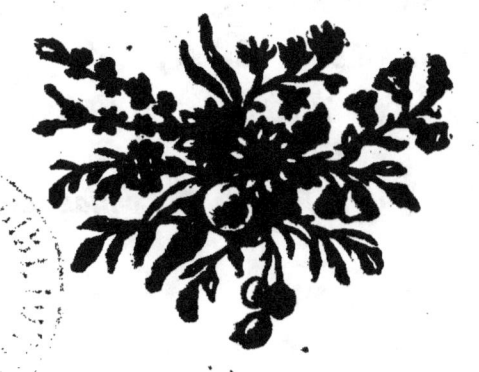

A PARIS,

Chez BRUNET, Libraire, rue de Marivaux, Place de la Comédie Italienne.

───────────

M. DCC. LXXXVIII.

Personnages,	Acteurs,
CANDIDE,	M. d'Orsonville.
M^{de} CANDIDE,	M^{de} Desforges.
JUSTIN, leur fils ;	Mlle Carline.
PANGLOSS,	M. Rosiere.
MARTIN,	M. Favart.
CACAMBO,	M. Raymond.
CALEB,	M. Courcelle.
ZULMIS, fille de Caleb,	Mlle Desbrosses.
ZÉLIE, autre fille de Caleb,	Mlle Buret.
OSMIN, mari de Zulmis ;	M. Solier.

La Scene est en Turquie, près de Constantinople.

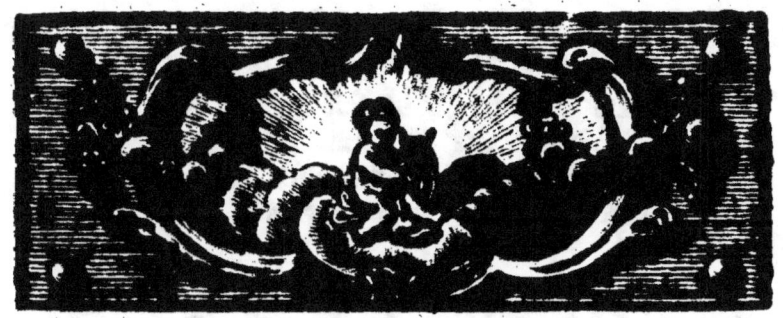

CANDIDE MARIÉ,
COMÉDIE.

ACTE PREMIER.

SCENE PREMIERE.

Le Théâtre représente l'intérieur d'une chambre rustique. Elle doit, par sa décoration, annoncer que la Scene est en Turquie. L'action commence un peu avant le jour.

CACAMBO *seul.*

AIR: *Fanfare de Saint-Cloud.*

Nos Philosophes sommeillent,
Exempts de maux & de soins;
Moi, les chants des coqs m'éveillent
Pour songer à leurs besoins.

A ij

CANDIDE MARIÉ,
De même que la science
Doit instruire l'ignorant ;
De même c'est l'ignorance
Qui doit nourrir le savant.

Ce que c'est pourtant que la destinée, & comme le hasard se plait à disposer de nous! Qui croiroit que sur les bords de la Propontide, à quelques milles de Constantinople, cette petite métairie renferme le Seigneur Candide, élevé jadis en Westphalie, dans le château de M. le Baron de Tunderrentronck ; la fille de ce même Baron, devenue femme de ce même Candide ; le docteur Pangloss, leur ancien Précepteur; le savant Martin, qui travailla jadis pour les Libraires d'Amsterdam ; & enfin, moi, Cacambo, né en Espagne, qui, après avoir fait tous les métiers dans tous les pays, suis aujourd'hui réduit à servir ces gens-là ? Ah! que voilà un beau sujet de réflexion, & comme on voit que... les effets & les causes.... sont produits par un certain rapport.... qui fait que.... les événemens de la vie.... Eh bien, ne voilà-t-il pas que je raisonne, & que par conséquent je ne sais ce que je dis! je suis si accoutumé à entendre nos philosophes, que leur manie me gagne. Songeons bien plutôt à porter vendre à la Ville le produit de notre petit jardin.... Allons, Cacambo, du courage, mon garçon, de la gaieté.

Pendant les couplets suivans, il arrange des fruits & des fleurs dans un panier.

COMÉDIE.

AIR: *Mes Enfans, travaillons gaîmens.*

Toujours dispos, toujours joyeux,
Bravons le sort, s'il est contraire;
Aimons la paix, fuyons la guerre,
Sans projets, sans former de vœux.
Un homme sage doit connoître,
Qu'en ce monde, pour être heureux,
Il ne faut pas chercher à l'être. (*bis.*)

Le travail est notre soutien;
Heureux l'homme qui sans relâche,
Sait tous les jours remplir sa tâche,
Sans jamais murmurer de rien:
Il trouve au bout de la semaine
Qu'il est moins de mal que de bien,
Et plus de plaisir que de peine. (*bis.*)

Si la fortune aveuglément
Place les biens qu'elle dispense,
Jouissons-en avec prudence,
Comme du bonheur d'un moment.
Bien sot est celui qui s'y fie.
Manquant de tout, souffrir gaîment,
C'est la bonne philosophie. (*bis.*)

Voilà, je pense, tout ce qu'il me faut. Eh! j'oubliois bien l'essentiel, ma foi; les manuscrits des docteurs Pangloss & Martin, que je dois vendre à Constantinople. Le produit de ces chef-d'œuvres suffira, disent-ils, pour faire notre fortune à tous: je le souhaite, mais j'en doute. J'entends du bruit

CANDIDE MARIÉ,
dans le jardin.... C'est sans doute l'aimable Justin, mon jeune maître, que les ennuyeuses leçons de ses deux précepteurs ont fait déserter la maison paternelle, & qui vient tous les matins, avant le jour, placer en secret des fleurs dans le bosquet chéri de sa mere.

SCENE II.

CACAMBO, JUSTIN.

JUSTIN *entr'ouvrant doucement la porte.*

AIR: *Toujours seule, disoit Nina.*

Es-tu seul, ami Cacambo ?

CACAMBO.

Oui : vraiment, c'est lui-même.
Nous apportez-vous du nouveau ?

JUSTIN.

D'une mere que j'aime
Je viens embellir le séjour,
Et par-là, j'espere qu'un jour
  Elle verra,
  Elle saura
Qu'en tous tems son fils l'aura
Montrant son cœur.) Là.

CACAMBO.

Le bon cœur ! ah ! Monsieur, les fleurs que

vous donnez à Madame votre mere lui font grand plaisir; elle est bien éloignée de deviner qui les lui apporte.

JUSTIN.

Donne-moi promptement des nouvelles de mes chers parens : comment se portent-ils ?

CACAMBO.

A merveille. Madame votre mere grondant, selon sa coutume, du matin au soir; Monsieur votre pere l'endurant avec peine, & vous regrettant sans cesse.

JUSTIN.

Mon bon pere ! Pangloss & Martin se disputent toujours ?

CACAMBO.

Comme vous dites.

AIR : *Il est toujours le même.*

Dans ce logis toujours tout est de même :
  Chaque savant
  S'en va souvent
   Rêvant,
 Ou bien désapprouvant
 De l'autre le système.
Candide, comme avant,
 Près d'eux tourne à tout vent,
Et n'oseroit penser d'après lui-même.

CANDIDE MARIÉ,

JUSTIN.

Air: *La fête des bonnes gens.*

Combien est préférable
La sage & simple raison
Du vieillard respectable
Qui m'admet dans sa maison !
Près de lui tout est tranquille ;
Point de bruit, point de savant.
Le bonheur n'a pour asyle
Que le toît des bonnes gens. } (*bis.*)

CACAMBO.

Eh, dites-moi, Monsieur, je vous prie, ce vieillard respectable a-t-il des enfans ?

JUSTIN.

Deux filles.

CACAMBO.

Je m'en doutois.... Grandes ?

JUSTIN.

L'aînée est mariée.

CACAMBO.

Et la cadette, en âge de l'être ?

JUSTIN.

Je le crois.

CACAMBO.

Fort bien.

COMÉDIE.

AIR : *Vous autres jeunes fillettes.*

Tenez, Monsieur, je devine
Que l'Amour, ce Dieu malin,
Vous conduit à la sourdine ;
Convenez-en.....

JUSTIN.

Eh mais...

CACAMBO.

Hein ?

JUSTIN.

Eh mais....

CACAMBO.

Quoi ? mais, c'est oui ?
Mon doute est évanoui.

JUSTIN.

AIR : *De Joconde.*

Eh bien, s'il faut te l'avouer,
Oui, j'adore Zélie.

CACAMBO.

Monsieur, je ne saurois louer
Une telle folie ;
Outre qu'il est à craindre ici
Plus d'une catastrophe,
Croyez-vous qu'on devienne ainsi
Un docte Philosophe ?

JUSTIN.

Air : *Regard vif & joli maintien.*

Je respecte fort les leçons
De la grave philosophie ;
Mais je préfère les chansons
De la douce & tendre Zélie.
Un Philosophe en sait beaucoup ;
Oh ! sa science est infinie ;
Il raisonne fort bien de tout ;
Un Philosophe en sait beaucoup.
Qui sait plus encor ?.... Douce Amie.

J'ai lu, dans un livre nouveau,
Une histoire que je révère :
Un jeune homme bien fait & beau
Faisoit le malheur de son père ;
Aucun maître ne pouvoit rien
Sur son ignorance infinie ;
Il étoit gauche en son maintien ;
Il ne pouvoit apprendre rien.
Que lui manquoit-il ?... Douce Amie.

Dans un vieux & triste château
Végétoit le pauvre Sargine ;
Mais par bonheur dans ce château,
Etoit une aimable Cousine.
Il devint un homme nouveau
Par les leçons de sa Sophie ;
Il devint grand & généreux ;
Il devint brave & valeureux.
Qui sut le former ?... Douce Amie.

CACAMBO.

Eh, voilà donc le Précepteur que vous choiſiſſez ?

JUSTIN.

Air : *Rien ne me plaît, s'il ne vient de Liſette.*

Pourquoi faut-il qu'à des maîtres févères,
Preſqu'en naiſſant, nous ſoyons aſſervis ?
Diſcours plus doux, préceptes moins auſtères,
Seroient bien mieux écoutés & ſuivis.
Les leçons que ſitôt on oublie
Se graveroient en traits puiſſans ;
   Sous les dehors de la folie
La raiſon charmeroit nos ſens :
C'eſt en ſortant d'une bouche jolie
Qu'elle a des droits ſur un cœur de quinze ans.

CACAMBO.

Air : *De tous les Capucins du monde.*

De tous les jeunes gens du monde,
Ainſi la conduite ſe fonde
Sur des principes condamnés.
Ils quittent, dans leur folle ivreſſe,
Les maîtres qu'on leur a donnés,
Pour ſe donner une maîtreſſe.

JUSTIN.

Le jour va bientôt paroître.... Je crains qu'on ne m'apperçoive, & je m'enfuis. Adieu, continue à me garder le ſecret.

CACAMBO.

Soyez tranquille, allez...... Mais, j'entends quelqu'un. Oh! oh! Déjà le Seigneur Candide!

SCENE III.

CACAMBO, CANDIDE.

CANDIDE.

AIR : *Que ne suis-je la fougère ?*

D'UNE triste destinée,
Quand le malheur nous poursuit,
Les peines de la journée
Se retracent dans la nuit.
Pour le tourment de mon ame
Deux grands maux sont réunis ;
La présence de ma femme,
Et l'absence de mon fils.

CACAMBO.

Il est grand jour. Ce n'est pas tout de se désoler, il faut encore aller à la ville & rapporter de quoi diner. N'est-il pas vrai, Monsieur ?

CANDIDE.

Je n'avois que mon fils pour me consoler, & il m'a quitté sans que je sache ce qu'il est devenu ! Ah ! mon cher Cacambo, je suis bien à plaindre !...

COMÉDIE.
CACAMBO.

Vous aimez à vous chagriner auſſi........ Par exemple, à l'égard de votre femme, vous êtes, je crois, trop regardant.... Tenez, mon cher maître.....

AIR : *Tu croyois en aimant Colette.*

Moi, je tiens, pour règle première,
Qu'un bon mari, peu curieux,
Doit, pour dormir la nuit entière,
Pendant le jour fermer les yeux.

CANDIDE.

Cela m'empêcheroit-il d'être en bute à ſa mauvaiſe humeur, à ſon caractère intraitable?

CACAMBO.

Ah! Monſieur, il y a des moyens de remédier à tout cela.

AIR : *Du pas redoublé.*

Si j'avois malheureuſement
Une méchante femme;
Au lieu d'être complaiſamment
Aux ordres de Madame;
Savez-vous ce que je ferois
Dans cette circonſtance?
Avec fermeté je prendrois....
Je prendrois.... patience.

(*Il ſort.*)

SCENE IV.

CANDIDE *seul.*

JE suis donc destiné à être sans cesse malheureux en courant après le bonheur !

Air : *Du pauvre monde.*

J'ai voyagé,
J'ai tout vu, tout jugé;
Par-tout les hommes sont les mêmes;
Faux & trompeurs,
De mensonges, d'erreurs,
Appuyant d'absurdes systêmes.
Ils m'ont persécuté,
Rebuté,
Rejetté;
Moi, j'obligeois, suivant mon habitude;
Eh bien, on m'a trompé,
Dupé,
Et, sans égard, volé,
Pillé ;
Je n'ai rencontré qu'ingratitude.

De tout mon bien,
Il ne me reste rien,
Que ma petite métairie :
Là, sans projets,
Sans desirs, sans regrets,

COMÉDIE.

Je croyois terminer ma vie,
Espérant qu'en ces lieux
Tout seroit pour le mieux.
De cet espoir enfin je me défie.
Quel est mon embarras !
Hélas !
Quoi ! ne trouver jamais
La paix
Dans la paisible Philosophie.

SCENE V.

CANDIDE, PANGLOSS, MARTIN.

PANGLOSS ET MARTIN.

AIR : *Monsieur Charlot.*

Grace au Traité
Que je viens de produire,
Mon siecle va s'instruire,
Et la postérité.
Bien imprimé,
Bien estimé,
L'ouvrage, avec délire,
Doit être famé.
Les envieux,
Bien furieux,
Contre lui vont médire ;
Il n'en ira que mieux.

CANDIDE.

Air: *On compteroit les diamans.*

Eh ! de quoi vous occupez-vous !

PANGLOSS.

Le projet n'est point illusoire,
Puisqu'il fera venir chez nous
De l'argent avec de la gloire ;
Et dans ce monde, en vérité,
Il est bien doux, ne vous déplaise,
Allant à l'immortalité,
De passer sa vie à son aise... (*bis.*)

CANDIDE.

Vous avez raison. Mais, en attendant...

Air: *De mes moutons le nombre augmente.*

De mes chagrins, le nombre augmente.
L'Hymen a trompé mon attente :
D'un lien formé par l'amour,
Le plaisir a fui sans retour.
C'en est fait ; j'ai vu disparoître,
Et pour jamais, le bonheur de ces lieux.
Ah ! dis-moi donc, dis-moi, mon maître, } *bis.*
Pourquoi ma femme est changée à mes yeux.

PANGLOSS.

Air: *Tout roule aujourd'hui dans le monde.*

De pareilles métamorphoses
Ne m'étonnent pas, Dieu merci ;
Car, pour le bon ordre des choses,
Cela doit arriver ainsi.

MARTIN,

COMÉDIE.

MARTIN, *à Candide.*

Mon cher, votre erreur est extrême,
Il faut l'avouer entre nous :
La Baronne est toujours la même
Mais vous, vous êtes son époux.

CANDIDE.

Je la préviens en tout.

PANGLOSS.

En tout absolument ?

CANDIDE.

Que voulez-vous dire ?

PANGLOSS.

Tenez, mon cher Eleve, vous êtes un bon humain, le meilleur enfant du monde : mais cela ne suffit pas toujours.

AIR : *J'ignorois comme on fait l'amour.*

La femme boude pour un rien ;
On l'appaise aussi par un rien ;
Mais pour faire valoir ce rien,
Il est une manière.
Oui, mon cher, essayez, vous pourrez plaire
Avec ce moyen ;
C'est un rien,
Mais ce rien,
Encore faut-il bien
Le faire.

CANDIDE.

Vous croyez ?

B

MARTIN.

Eh oui, conseillez-lui la douceur, il en fera de belles.

Air : *Je n'aimois pas le tabac beaucoup.*

Quand une femme a dans son esprit
Quelque dessein que l'on contredit,
Quoi qu'on puisse représenter,
Elle veut l'emporter,
Et fait, en disputant,
Tant,
Qu'on la craint à jamais;
Mais,
Pour lui donner d'abord
Tort,
Il faut crier plus fort.

PANGLOSS.

Air : *Valet chez une Fermière.*

Eh ! non, non, soyez docile,
Evitez tout ce tracas;
Cédez toujours.

MARTIN.

Ne cédez pas.
Quoi donc, époux imbécille,
Pour se rendre honteusement,
Faut-il se vaincre à tout moment?

PANGLOSS.

Oui, Monsieur.

MARTIN.

Quelle chimère !

COMÉDIE.

PANGLOSS.

Un homme prudent, confrere,
Ne doit combattre jamais,
Quand, pour les frais de la guerre,
Il peut acheter la paix.

CANDIDE.

Eh quoi, Messieurs, toujours d'opinion contraire dans les conseils que vous me donnez!

PANGLOSS.

C'est mon avis qu'il faut suivre.

MARTIN.

C'est le mien.

PANGLOSS.

Air: *Pierrot sur le bord d'un ruisseau.*

Allez, reposez-vous sur moi;
Je saurai bien vaincre sa résistance;
Votre femme sera, ma foi,
Soumise en tout à votre loi:
Croyez-en mon expérience;
Retirez-vous un instant, la voilà;
A votre gré, croyez que tout ira.

CANDIDE.

Ah! ah! je n'espere pas ça.

MARTIN.

Ah! ah! je voudrois bien voir ça.

(*Candide & Martin sortent.*)

SCENE VI.

PANGLOSS, M^{de} CANDIDE, *ensuite* **MARTIN** *paroissant au fond du Théâtre.*

M^{de} CANDIDE.

AIR: *Jupiter un jour en fureur.*

Avec Candide je vous vois,
Et chacun de vous deux, je gage,
De tout son cœur ici l'engage
A s'irriter contre moi.

PANGLOSS.

Mais non, c'est lui qui vous accuse....

M^{de} CANDIDE.

Monsieur, quand un mari déclame
Contre une épouse injustement,
On plaint son aveuglement, (*bis.*)
En consolant sa femme. (*bis.*)

PANGLOSS.

Mais votre mauvaise humeur.....

M^{de} CANDIDE.

Eh qui n'en auroit pas ! loin de mon pays, sans parens, sans état, sans fortune, habiter tristement une misérable chaumiere, & pour surcroît de peine, un mari.... Ah !....

COMÉDIE.
PANGLOSS.

Il est donc bien changé?

M^{de} CANDIDE.

AIR: *Pour qu'ça prétention soit banie.*

Jadis il se faisoit connoître
Par les soins les plus assidus;
Mais on aura pour moi peut-être
Les attentions qu'il n'a plus.
Qu'un mari néglige sa femme,
  Bientôt d'autres à genoux
S'empressent d'offrir à Madame
  Ce que refuse l'époux.

PANGLOSS.

Eh bien, c'est peut-être ce qui pourroit arriver de plus heureux.

MARTIN, *au fond de la Scene.*

Ecoutons un peu comment Maître Pangloss s'y prend pour faire entendre raison à Madame.

M^{de} CANDIDE.

Vous savez que dans notre jardin....

AIR: *Nous avons une terrasse.*

Il est un certain bocage,
  Un réduit secret,
Dont le séjour me plaît;
C'est sous ce charmant ombrage
  Qu'en paix
  Souvent je me distrais.

B iij

CANDIDE MARIÉ,

    La fraîcheur d'un sombre feuillage,
    De divers oiseaux le ramage
    Y répand un calme enchanteur,
    Qui passe jusque dans mon cœur :
    J'éprouve une douce langueur,
    Un sentiment dont la douceur
    Me fait oublier mon malheur.
Or, ce bosquet est depuis quelque tems
Tous les matins orné de fleurs nouvelles ;
J'y vois briller les trésors du printems,
Le lys, l'œillet, les roses les plus belles.
    Cacambo de soins si fideles
    Connoît seul l'auteur en ces lieux.

MARTIN, *à part*.

Le valet est le confident ; c'est dans l'ordre.

M^{de} CANDIDE.

    Quelqu'un qui vous aime
    Dune ardeur extrême,
    Dit-il, à vos yeux
    Craint de s'offrir lui-même ;
    Sensible & timide,
    Le respect le guide ;
    Mais il est heureux
    S'il a rempli vos vœux.

MARTIN, *à part*.

Fort bien.

PANGLOSS.

Peut-être est-ce Candide lui-même, qui voulant vous surprendre....

COMÉDIE.

Mde CANDIDE.

AIR : *Pour la Baronne.*

Pour son épouse,
Un mari se met-il en frais !
Grondant chez lui, d'humeur jalouse,
S'il est galant, ce n'est jamais
Pour son Epouse.

PANGLOSS.

En ce cas-là....

AIR : *Le premier du mois de Janvier.*

C'est quelque Turc de ce canton,
Et ces amoureux-là, dit-on,
Sont bien plus polis que les nôtres ;
Près de l'objet de leurs amours,
Chaque petit soin est toujours
Accompagné de plusieurs autres.

Mde CANDIDE.

On le dit.

PANGLOSS.

Je vous conseille de suivre cette affaire-là.

MARTIN, *à part.*

A merveille, Maître Pangloss. Allons chercher Candide.

(*Il sort.*)

Mde CANDIDE.

Mais, Docteur, songez donc que l'honneur de ma maison....

24 CANDIDE MARIÉ,
PANGLOSS.

Tout cela ne sera qu'en apparence & pour éveiller la jalousie de votre mari.

Mde CANDIDE.

Après tout, vous avez raison.

AIR: *Est-il de plus douces odeurs.*

A feindre de prendre un amant,
Eh bien, je me décide ;
Je ferai naître en l'écoutant
Les soupçons de Candide.

PANGLOSS.

Mais du moins avec votre époux
Soyez donc plus affable :
Un homme n'est jamais jaloux
Que d'une femme aimable.

Mde CANDIDE.

Je vous promets que dorénavant... Le voici, vous allez voir....

SCENE VII.

LES MÊMES, CANDIDE, MARTIN.

MARTIN, *à Candide.*

VENEZ, venez, vous allez apprendre du nouveau.

COMÉDIE.

M^de CANDIDE.

Air: *La bonne aventure.*

Vous voilà, mon cher mari!

MARTIN, *à part, avec ironie.*

Son cher mari!

CANDIDE, *à Pangloss.*

C'est de bon augure.

M^de CANDIDE.

Ah! loin d'un objet chéri,
Comme le tems dure!

CANDIDE.

Quel changement inoui!
Que mon cœur est réjoui!
La bonne aventure.

TOUS.

Oh oui!
La bonne aventure.

M^de CANDIDE.

Air: *Je suis Carmelite, moi.*

Mon bon ami, d'être toujours la même,
   Je vous donne ma foi.

MARTIN, *à Pangloss.*

Docteur fameux & d'une adresse extrême,
   Honneur à votre emploi.

PANGLOSS.

Qu'importe ici qu'un pédant m'apostrophe :
Je suis philosophe, moi,
Je suis philosophe.

MARTIN.

AIR: *Quelques-uns prirent le cochon.*

Quelques-uns nomment autrement
Cette philosophie.

CANDIDE, à *Pangloss.*

Ah, mon cher maître, assurément,
Vous me rendez la vie.

MARTIN.

Bravo ! remerciez-le bien :
De vaincre Madame il connoît le moyen,
Et vous verrez, si ses avis
Sont suivis,
Que Monsieur n'est pas à demi
Votre ami.

PANGLOSS.

Eh pourquoi pas, Monsieur !

CANDIDE.

Comment, est-ce que je serois ?. . .

MARTIN.

Apparemment, & vous auriez dû deviner à l'air dont Madame vous a reçu tout à l'heure . . . .

CANDIDE.

Mais qu'est-ce que cela signifie ?

COMÉDIE.

MARTIN.

Que Madame vous careſſe aujourd'hui, parce qu'elle vous trompe ; qu'elle a un amant ; que cet amant lui fait des cadeaux.... M'entendez-vous ?

CANDIDE.

Eſt-il poſſible ?

MARTIN.

Oh que non ; cela ne s'eſt jamais vu.

M^{de} CANDIDE.

Je vous jure, mon ami....

PANGLOSS.

Mais n'écoutez donc pas Monſieur Martin ; il rêve, ſelon ſa coutume. (*bas à M^{de} Candide.*) Vous voyez ? le moyen réuſſit.

M^{de} CANDIDE, *à part.*

Il eſt jaloux ! bon.

SCENE VIII.

LES MÊMES, CACAMBO.

PANGLOSS.

EH ! voici l'ami Cacambo !

MARTIN.

Déjà de retour !

PANGLOSS.

As-tu bien vendu mon ouvrage?

MARTIN.

M'apportes-tu beaucoup d'or?

CACAMBO.

AIR: *Il a voulu.*

Messieurs, tout doux;
Préparez-vous
A ce que je vais dire.
J'ai vendu les fleurs & les fruits,
Mais quant à vos deux manuscrits,
On a voulu,
On n'a pas pu
Achever de les lire.

Et les voici.

PANGLOSS.

AIR: *Ton humeur est, Catherine.*

O Ciel, quelle est ma surprise!
Mon ouvrage est rejetté.

MARTIN.

Dans ce siecle de sottise
Tout n'est que frivolité.
Pour qui ne veut rien d'utile,
Un livre a bien peu d'attraits.

CACAMBO.

Eh pourtant il s'en vend mille
Qui ne se lisent jamais.

COMÉDIE.
PANGLOSS.

Qu'est-ce que cela fait ? on les prône, on en dit du bien ou du mal, on les achete, on les paye, & tout est pour le mieux.

MARTIN.

Que les tems sont changés!

PANGLOSS.

C'est ma faute aussi, j'aurois dû aller proposer mon ouvrage moi-même.

CACAMBO.

Ecoutez, Messieurs, tout n'est pas encore désespéré. On m'a assuré que si vous pouviez avoir l'approbation d'un fameux Derviche, qui passe pour le meilleur philosophe de la Turquie, vos manuscrits se vendroient aisément : informez vous du lieu de sa demeure, qui n'est pas loin d'ici, & allez le trouver.

MARTIN.

Soit. Si ce Derviche est vraiment un Sage; il pensera comme moi.

PANGLOSS.

S'il est grand philosophe, je pourrai raisonner avec lui des effets & des causes, du meilleur des mondes possibles, de l'harmonie préétablie & de la raison suffisante.... Qu'en dites-vous, mon cher éleve? Ecoutez donc, vous êtes-là à rêver....

CANDIDE.

Air: *Sans le savoir.*

Eh, fais-je ce que je dois faire!

PANGLOSS.

Allons, tâchez de vous diftraire.

CANDIDE.

Mon fort ne peut fe concevoir;
Ce Martin m'a déchiré l'ame.
Ah! c'eft un cruel défefpoir
Que d'être trompé par fa femme,
Et le favoir.

MARTIN.

Il y a quelqu'un ici qui peut encore mieux vous inftruire. Le prudent Cacambo eft dans la confidence.

CANDIDE.

Lui?

CACAMBO.

Quoi! quelle confidence?

MARTIN.

Tu fais l'ignorant.... & ce galant qui fournit à Madame de fi belles fleurs.... là.... dans le petit bofquet du jardin?

COMÉDIE.
CACAMBO.

AIR: *Guillot a des yeux complaisans.*

Quoi ! l'on ose accuser ainsi
L'innocence elle-même !
(*A Candide.*) Apprenez donc, Monsieur, qu'ici
Votre erreur est extrême.
Pauvres femmes ! voilà comment,
Dans maintes circonstances,
On vous condamne injustement
Sur la simple apparence.

MARTIN.

Sur la simple apparence ! il est bon-là.

CACAMBO.

Sachez, Monsieur, que ce prétendu galant, qui vous cause tant d'ombrage, n'est autre que votre fils.

CANDIDE.

Est-il possible ?

M^{de} CANDIDE & PANGLOSS.

O Ciel !

MARTIN.

Cela ne se peut pas.

PANGLOSS, *à Martin.*

Eh bien, Monsieur le visionnaire....

CACAMBO.

C'est cet aimable enfant, qui vient tous les

matins apporter à sa mere les fleurs qu'il sait qu'elle aime, & qu'il prend plaisir à cultiver pour elle.

M.^{de} CANDIDE, *à part.*

Voilà mon projet manqué.

CANDIDE, *à Cacambo.*

Tu sais donc où il est ?

CACAMBO.

Non pas précisément, mais je sais que vous ne tarderez pas à le voir.

CANDIDE.

Je reverrai mon fils, & ma femme est fidele ! Ah ! pardonne, chere épouse....

M.^{de} CANDIDE.

Laissez-moi, laissez-moi.

A I R : *Du matin au soir dans ce château.*

Dieux ! que mon destin est affligeant !
  Suis-je faite
 Ainsi pour la retraite ?
Chaque jour notre état indigent
Nous présente un besoin plus urgent.
 Ah ! si du moins sa tendresse
  Etoit la même toujours,
 Ici, malgré ma détresse,
 J'aurois encor de beaux jours ;
 Mais, hélas ! de son cœur
  La froideur
  Augmente
      L'ennui

COMÉDIE.

L'ennui qui me tourmente;
Et comment n'être pas en courroux,
De n'avoir que l'ombre d'un époux?

(*Elle sort.*)

CANDIDE.

Eh bien, la voilà plus furieuse que jamais.

PANGLOSS.

Air: *Non, je n'aimerai jamais que vous.*

Mon ami, ce n'est rien que cela;
Tout ce grand courroux n'est qu'un léger nuage.
Mon ami, ce n'est rien que cela,
Et j'appaiserai cette bourasque-là.

MARTIN.

C'est fort bien dit, employez son message,
Monsieur Pangloss est un homme inventif;
Morbleu, jamais n'aurez-vous de courage
Pour commander à cet esprit rétif!

CANDIDE.

Tous ces froids discours sont superflus,
Vos raisonnemens ne sont que verbiages.
Tous ces froids discours sont superflus;
Laissez-moi, messieurs, je ne vous croirai plus.
  Mon seul espoir
  Est d'aller voir
Ce Derviche si grand, si sage.

PANGLOSS.

  Eh bien, allons,
  Nous le verrons,
Et tous nous le consulterons.

C

CANDIDE, CACAMBO.

S'il est, comme on dit, docteur fameux,
Il rétablira la paix dans mon ménage.
S'il est, comme on dit, docteur fameux;
Il me / nous donnera le moyen d'être heureux.

PANGLOSS, MARTIN.

S'il est, comme on dit, docteur fameux,
Il approuvera sans doute mon ouvrage.
S'il est, comme on dit, docteur fameux.
Moi, je vais paroître un grand homme à ses yeux.

Fin du premier Acte.

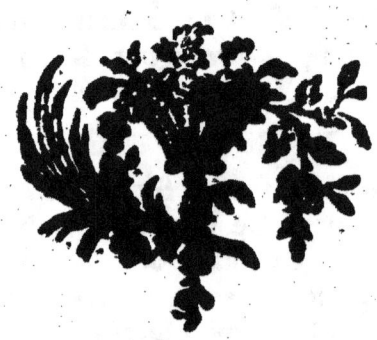

ACTE SECOND.

Le Théâtre représente un verger, & de chaque côté de la Scene, sur le devant, un petit carré de jardin. On voit la maison de Caleb sur la droite, & un berceau d'orangers à la porte : le verger est enclos d'une espece de haye qui a une porte au milieu ; par-delà est une chaîne de montagnes : tous les arbres doivent être abondamment garnis de fruits.

SCENE PREMIERE.
JUSTIN, OSMIN, ZULMIS, ZELIE.

(*Ils sont occupés à différens travaux du jardinage.*)

OSMIN.
AIR.

Des riches dons de la nature
 Comme ce verger s'embellit !
A nos soins, à notre culture
 Tout répond & sourit.

JUSTIN.

De l'Automne les doux présens
Se joignent aux fleurs du Printems,

CANDIDE MARIÉ,

Et dans ces lieux
Délicieux,
Tout charme le cœur & les yeux.

ZULMIS.

Si l'apparence
De l'abondance
Brille sur ces rians côteaux,
C'est l'assistance,
C'est l'influence
Du Ciel qui bénit nos travaux.

ZÉLIE.

Sa bienfaisance,
Sur l'innocence,
Avec bonté s'étend toujours ;
Nos cœurs sensibles,
Doux & paisibles,
Ont droit à ses tendres secours.

OSMIN, JUSTIN.

Oui, tout fleurit,
Tout mûrit
Et promet le bonheur.

ZULMIS, ZÉLIS.

Dieux ! protégez,
Ménagez
Cet espoir enchanteur.

TOUS.

Des riches dons de la nature, &c.

ZULMIS.

Que ces fleurs sont belles ! Qu'elles sont fraîches ! Ah ! c'est que leur culture est l'ouvrage de mon époux.

OSMIN.

O ! ma Zulmis ; cet espace de terrein est destiné à ton amusement ; travailler à l'embellir est le plus grand, le plus cher de mes plaisirs.

ZÉLIE.

Je me flatte, ma sœur, que mon jardin est tout aussi beau que le vôtre, malgré que je sois seule à le cultiver.

JUSTIN.

Il ne tiendroit qu'à vous, belle Zélie, de trouver un aide.

OSMIN, ZULMIS.

Air : *Vraiment oui, c'est demain* (de Richard.)

Ici, chaque matin,	Ici chaque matin,
Tu viens parer ton sein ;	Je viens parer mon sein ;
Le bouton qu'on y laisse	Le bouton que je laisse,
S'ouvrira demain.	S'ouvrira demain.
Ainsi, de son Osmin,	Ainsi, de mon Osmin,
L'amour sera sans fin :	L'amour sera sans fin.
Tel il est ce matin,	Tel il est ce matin,
Tel il sera demain.	Tel il sera demain.

JUSTIN, *à Zélie.*

Air : *Vivre sans amour.*

Mais pourquoi,
Dis-moi,
T'opposes-tu sans cesse

Aux soins que Justin
Voudroit prendre de ton jardin?

ZÉLIE.

En refusant à ta tendresse
De partager ici mon loisir,
De ces fleurs je suis la maîtresse ;
A t'en offrir
J'ai plus de plaisir.

OSMIN, ZULMIS, *à Justin.*

AIR : *Vraiment oui, c'est demain.*

Sois sage, aime-la bien,
Et le plus doux lien
Couronnant ta tendresse,
Son bien
Sera le tien ;
Oui, Justin,
Sois certain,
En méritant sa main,
Que tous les droits d'Osmin
Seront à toi demain.

ZÉLIE.

Voilà mon pere.

COMÉDIE.

SCENE II.

LES MEMES, CALEB, *apportant des arbustes.*

OSMIN, *allant au-devant de lui & le débarrassant.*

AIR : *Vaudeville des deux Jumeaux.*

Prendre tant de peine à ton âge !
Ah ! permets-nous de te gronder :
Mon pere, ici tout ton ouvrage
Doit être de nous commander.

ZULMIS.

Te voir tranquille est notre envie.
Ne sais-tu pas que les travaux
Sont les plaisirs de notre vie,
S'ils te procurent le repos ?   } *bis.*

CALEB.

Je le sais, mes enfans, je le sais.

AIR : *Nous sommes Précepteurs d'amour.*

Mais je voudrois, de ce côté,
Augmenter s'il se peut, l'ombrage ;
Il faut, des chaleurs de l'été,
Garantir l'hiver de mon âge.

CANDIDE MARIÉ,
OSMIN, JUSTIN.

Air : *Fournissez un canal au ruisseau.*

Pour trouver ces arbustes choisis,
Souffre, papa, que je m'empresse.
CALEB.
Eh bien, soit, allez donc, mes amis,
Suppléez tous deux à ma foiblesse.

(*Ils sortent.*)

Ainsi l'homme, malgré les ans,
Malgré sa démarche peu sûre,
Grace à la loi de la nature,
Est jeune encor dans ses enfans. }*bis.*

SCENE III.

ZULMIS, ZÉLIE, CALEB, CANDIDE,
Mme CANDIDE, PANGLOSS,
MARTIN, CACAMBO.

(*Ces derniers arrivent sur le penchant d'une colline, au fond du Théâtre. Candide & Cacambo se détachent de la troupe & entrent dans le verger : les autres restent assis sur la montagne.*)

CACAMBO.

Air : *Or nous dites, Marie.*

Enseignez-nous, de grace,
Un Derviche savant,

COMÉDIE.

Qui dans le pays passe
Pour un homme étonnant.

CANDIDE.

S'il coule ici sa vie,
S'il y fixe ses pas,
Que je vous porte envie !

CALEB.

Je ne le connois pas.

CACAMBO.

On nous a cependant bien indiqué...

CANDIDE.

Comment pouvez-vous méconnoître ce grand homme ?

CACAMBO.

Vous n'êtes donc pas Philosophe ?

CALEB.

Non, Monsieur.

CACAMBO.

Vous n'êtes pas Philosophe ! A votre âge ! vous ne raisonnez pas ! vous ne disputez pas sans cesse sur les moyens de vivre en bonne intelligence ?

ZÉLIE.

Air : *Etes-vous de Chantilly ?*

Celui que l'on cherche ici,
N'est-ce pas un vieillard ?

CACAMBO.

Oui.

CANDIDE MARIÉ,

ZÉLIE.

Dont la figure est austère,
Qui parle d'un ton sévère ?

CACAMBO.

Chacun le désigne ainsi.

ZÉLIE.

AIR : *Il étoit une fille.*

Souvent, dans la campagne,
Quand nous nous promenons,
Nous le voyons,
Mais nous fuyons.
Par-delà la montagne,
On dit qu'en ce vallon
Demeure le barbon.

CACAMBO.

Bon.
Avant que j'en approche....
Ma belle enfant, pardon.
Monsieur Pangloss, écoutez donc.
Montez sur cette roche,
Vers ce côteau qui fuit,
Voyez-vous son réduit ?

PANGLOSS, *du haut de la montagne.*

Oui, j'apperçois une chaumiere isolée, qui m'a tout l'air de la demeure d'un Derviche.

CACAMBO.

C'est sûrement cela.

COMÉDIE. 43

AIR : *C'est la petite Thérèse.*

Adieu donc, mesdemoiselles.

CANDIDE.

Puissiez-vous être à jamais
Autant heureuses que belles.

ZÉLIE.

Grand merci de vos souhaits.

CACAMBO, *à Caleb.*

Vous trouvez des avantages
A rester en paix chez vous;
Mais nous, pour devenir sages,
Nous courons comme des fous.

(*Cacambo & Candide rejoignent les autres, & tous s'en vont.*)

SCENE IV.

CALEB, ZULMIS, ZÉLIE, OSMIN, JUSTIN.

OSMIN, JUSTIN, *occupés à placer autour du berceau d'oranger des arbustes qu'ils rapportent : pendant le Couplet suivant les autres parlent bas.*

AIR : *Une jeune fillette.*

Notre ouvrage prospère,
Et l'on pourra bientôt,

Dans ce bosquet, j'espère,
Se garantir du chaud.

JUSTIN.

En servant ce bon père,
C'est satisfaire
A tous
Nos goûts.
Le travail est pour nous
Bien doux.

OSMIN.

Eh puis, dans cette affaire,
Ici
Nous gagnerons aussi ;
Car d'un feuillage
Epais,
L'ombrage
Frais,
En modérant les feux du jour,
Double ceux de l'amour.

ENSEMBLE.

Oui, d'un feuillage, &c.

OSMIN, *à Zulmis, qui a les yeux fixés sur son jardin.*

Que regardes-tu donc là ?

ZULMIS.

AIR : *D'l'instant qu'on nous mit en ménage.*

De ces fleurs que ta main rassemble
Afin d'embellir mon jardin,

Depuis quelque temps, il me semble
Qu'il en manque chaque matin.
  Cher Osmin ! (*bis.*)
 Cette inquiétude
Me tourmente, & c'est malgré moi ;
Mais je fais mon unique étude
De garder ce qui vient de toi.

OSMIN.

Ma bonne amie, ce secret....

ZULMIS.

Un secret pour ta femme !

OSMIN.

A i r : *Sous le nom de l'Amitié.*

C'est celui de l'amitié :
Je n'en suis pas le maître.

JUSTIN.

Moi, je le fais connoître
 Ce secret de l'amitié.
Le chagrin doit-il naître
 Au cœur de ta moitié,
Sous le nom de l'amitié !

C'est à moi qu'Osmin a donné ces fleurs.

ZÉLIE.

A vous !... Mais mon père veut savoir ce que vous en avez fait.

CALEB.

Moi ? point du tout. N'est-il pas maître de

disposer à son gré de ce que son ami lui donne. Je le crois trop raisonnable pour en faire un mauvais usage.

JUSTIN.

Ah ! bien au contraire.

CALEB.

Mais, s'il veut garder le silence sur l'emploi de ces fleurs, ai-je le droit de le faire parler ? Je ne suis pas son père.

JUSTIN.

Air : *Résiste-moi, belle Aspasie.*

Tout à vous m'engage & me lie ;
Tout dit que je suis votre fils. (*bis.*)
Vos bontés, dont je sens le prix,
Et ma tendresse pour Zélie.
Vous approuvâtes mon amour:
Et, depuis ce moment prospère,
Dans ses yeux je lis chaque jour
Que vous devez être mon père.

CALEB.

J'en aurai toujours les sentimens, & j'espère que tu n'en seras jamais indigne.

JUSTIN.

Oh ! non, jamais.

OSMIN, *à Zulmis.*

Tu n'as plus d'inquiétude ?

ZULMIS.

O ! mon ami, ce sentiment étoit trop pénible.

COMÉDIE.

AIR : *L'amour est un enfant trompeur.* (de M. Martini.)

Le secret le plus innocent,
　　La moindre bagatelle
Nous peut, hélas ! causer souvent
　　Une peine cruelle :
Nous formons de fâcheux soupçons ;
　　Injustement nous offenfons
　　Le cœur le plus fidèle.　　(*bis.*)

OSMIN.

Zulmis, ô toi, que je connois
　　Sensible autant que belle,
Garde-toi bien d'avoir jamais
　　Cette peine cruelle.
Ton Osmin t'a donné sa foi ;
Osmin sera toujours pour toi
　　L'époux le plus fidèle.　　(*bis.*)

ENSEMBLE.

ZULMIS.	OSMIN.
Eh bien, d'un soupçon importun,	Oh ! oui, d'un soupçon importun,
Mon cœur veut se défaire ;	Ton cœur peut se défaire ;
Mais, pour notre bonheur commun,	Mais, pour notre bonheur commun,
Ami, plus de mystère.	N'ayons plus de mystère.
Au titre de fidéle époux,	Au titre de fidéle époux,
Joins encore un titre bien doux,	Je veux joindre un titre bien doux,
Celui d'époux sincère. (*bis.*)	Celui d'époux sincère. (*bis.*)

CALEB.

Osmin, viens avec moi parcourir le verger & voir quels sont les fruits qu'on peut cueillir aujourd'hui.

OSMIN.

Allons. Toi, ma femme, prépare des corbeilles pour les mettre.

ZULMIS.

J'y vais.

(*Elle entre dans la maison. Caleb sort avec Osmin.*)

SCENE V.

JUSTIN, ZÉLIE.

JUSTIN.

Vous me boudez, Zélie ?

ZÉLIE.

Non, Monsieur, mais j'admire votre discrétion.

JUSTIN.

AIR : *N'en demande pas davantage.*

Pourquoi ce soupçon offensant ?
A mon amour c'est faire outrage.
Du secret le plus innocent,
Vous ne devez point prendre ombrage :
   J'en fais le ferment ;
   Mais, pour le moment,
N'en demandez pas davantage. (*bis.*)

ZÉLIE.

COMÉDIE.
ZÉLIE.

A bien garder un tel secret,
Moi-même aussi je vous engage :
Monsieur, j'y prends peu d'intérêt ;
Oui, j'entends fort bien ce langage,
    Et sens qu'en effet,
    Mon cœur satisfait
N'en demande pas davantage.   (*bis.*)

JUSTIN.
Ma chère Zélie....
ZÉLIE.
Et vous me faites un mystère....
JUSTIN.
Soyez sûre que celle qui en est l'objet...
ZÉLIE.
Celle qui en est l'objet ! C'est une femme ?
JUSTIN.
Ah oui ; mais croyez....
ZÉLIE.
Comme vous en parlez avec feu !

JUSTIN.

AIR : *Non, non, Doris ne pense pas.*

Ah ! sans faire couler vos pleurs,
Je puis vous peindre mon ivresse ;
Celle à qui j'ai donné ces fleurs
A tant de droits à ma tendresse !

D

Dans mon cœur elle règne auſſi ;
Autant que vous elle m'eſt chère ;
Et je dois m'exprimer ainſi,
Puiſque je parle de ma mère.

ZÉLIE.

De votre mère !

JUSTIN.

Eh ! oui.

ZÉLIE.

Ah ! je reſpire.

Même Air.

Pourquoi le taire ſi long-temps ?
Mon ami, que pouvois-tu craindre ?
Du plus tendre des ſentimens,
Aurois-je donc voulu me plaindre
Combien pour ta mère en ce jour,
J'eſtime ton amitié pure !
Ah ! ce n'eſt pas voler l'amour,   } bis.
Que rendre hommage à la nature.

Puiſque ces fleurs étoient pour votre mère, il falloit donc les prendre dans mon jardin.

JUSTIN.

Les ayant reçues de vous, j'aurois peut-être eu peine à les donner.

ZÉLIE.

Mais, vous avez dit à mon père que vous étiez orphelin.

JUSTIN.

Il eſt vrai : je craignois qu'il ne refuſât de me

recevoir chez lui, s'il apprenoit que mon père & ma mère ne sont pas loin d'ici, & que je les ai quittés sans qu'ils sachent ce que je suis devenu ; mais, belle Zélie, si Caleb se détermine à nous marier ensemble, j'irai sur-le-champ me jetter aux pieds de mes parens, & les prier de consentir à notre union.

ZÉLIE.

Eh ! pourquoi ne m'avoir pas dit cela d'abord ?

JUSTIN.

AIR : *Une Abeille toujours chérie.*

Ah ! pardonne-moi, chère amie,
D'avoir eu ce secret pour toi.

ZÉLIE.

Va, de tout mon cœur je l'oublie,
Puisque tu m'as gardé ta foi.
Si soupçonner ce que l'on aime
Est le plus grand tourment du cœur,
Mon ami, le bonheur suprême
N'est-il pas de sortir d'erreur ?

SCENE VI.

LES MÊMES, CALEB, OSMIN, ZULMIS,
sortant de la maison.

CALEB.

OH ça, mes enfans ; vous allez vous mettre à cueillir les fruits ; & moi, pendant ce temps-là, je vais ici près visiter nos champs.

JUSTIN.

Nous aurons bientôt fait, papa.

(*Caleb sort du verger par le fond du Théâtre.*)

SCENE VII.

LES MÊMES, excepté CALEB.

ZULMIS.

ALLONS, allons à l'ouvrage.

OSMIN, *montrant un arbre qui est sur le bord de la scene. Il est isolé & a un banc de gazon au pied.*

Commençons ici.

JUSTIN.

Moi, je vais monter sur l'arbre.

AIR : *Toujours va qui danse.*

Mais afin de nous mettre en train,
 Et doubler notre zèle,
Il faut chanter quelque refrain,
 Quelque chanson nouvelle.
Quand on s'occupe tristement
 La main est nonchalante;
On travaille bien mieux gaiment;
 Car toujours va qui chante.

OSMIN.

Il a raison. Place-toi là, Zélie; toi, là, ma femme, & moi ici. C'est bien.

(*Justin est dans l'arbre; Zélie est montée sur le banc de gazon; elle reçoit les fruits de Justin, les donne à Osmin, qui les passe à sa femme, & celle-ci les arrange dans un panier.*)

OSMIN.

AIR *Béarnois.*

Oui, ce n'est que dans nos asyles,
 Nos bois & nos champs,
Qu'on a des jours purs & tranquilles,
 Et des biens constans.
Voyez les riches & les grands;
Voyez les habitans des villes :
Ils ont quelques plaisirs aussi;
Mais le bonheur n'est qu'ici.

ZULMIS.

AIR : *O ma chère Musette.*

Dès que le jour éclaire

CANDIDE MARIÉ,

Nos paisibles-côteaux,
Nous embrassons mon père,
Et courons aux travaux;
Chacun a son ouvrage,
Dont il presse la fin,
Pour avoir l'avantage
D'aider à son voisin.

OSMIN.

Air Béarnois.

A midi, nous quittons la plaine
    Pour un bois épais,
Où Zéphir, de sa douce haleine,
    Vient souffler exprès:
Sur un gazon bien verd, bien frais
Le repas s'apprête sans peine;
Fruits & laitage sont les mets
    Dont l'appétit fait les frais.

ZÉLIE.

Air: O! ma chère Musette.

Pendant l'ardeur brûlante
Des rayons du soleil,
Chacun, l'ame contente,
Donne une heure au sommeil.

JUSTIN, *à Zélie.*

Pour nous, ce temps se passe
A quelques jeux nouveaux;
Et ce qui nous délasse,
Ce n'est pas le repos.

COMÉDIE.
OSMIN.

Même Air *Béarnois*.

On s'éveille, on reprend bien vîte
Le travail gaîment;
Et, sans être las, on le quitte
Au soleil couchant.
Nous revenons chantant,
Dansant;
L'amour, qui nous attend au gîte,
Tout bas sourit,
Se réjouit
A l'approche de la nuit.

SCENE VIII ET DERNIERE.

LES MÊMES, CALEB, CANDIDE, Madame CANDIDE, PANGLOSS, MARTIN, CACAMBO.

CALEB, *invitant Candide & sa suite à entrer dans le verger.*

Air: *Laissez paître vos bêtes.*

Cédez à ma prière,
Reposez-vous dans ce séjour;
Et près de ma chaumière,
Bravez les feux du jour.

CANDIDE MARIÉ,

(*A sa famille.*)

Çà, mes enfans,
Venez céans
Présenter à ces étrangers
Les plus beaux fruits de nos vergers.

Cédez à ma prière, &c.

CANDIDE & sa Suite.

Cédons à sa prière, &c.

JUSTIN, *à Zélie, qui lui fait signe de descendre de l'arbre.*

O ciel! mon pere & ma mere! (*Il se blotit dans l'arbre.*)

ZÉLIE, *à part.*

Est-il possible!

PANGLOSS, *à Caleb.*

Mais, vous n'avez pas répondu à ma question sur l'aventure arrivée à ce Muphti.

CALEB.

Je n'ai jamais su le nom d'aucun Muphti, ni d'aucun Visir. J'ignore absolument l'aventure dont vous me parlez; je ne m'informe point de ce que l'on fait à Constantinople; je me contente d'y envoyer vendre les fruits du jardin que je cultive.

(*Cette phrase est copiée mot à mot dans le Roman de Voltaire, ainsi que quelques autres de la même Scène.*)

COMÉDIE.

(*Osmin, Zulmis & Zélie, apportent des corbeilles garnies de fruits & de fleurs, & en offrent à Candide & aux autres.*)

ZULMIS, OSMIN.

A I R : *Ainsi donc loin d'acquiescer.*

On pourroit vous offrir ailleurs
Des mets de toute espece :
Ici, des fruits ornés de fleurs,
Voilà notre richesse.

ZÉLIE, *à Candide, lui montrant les fruits.*

Nous les avons cueillis exprès
D'une main diligente :
Trouveriez-vous rien de plus frais ?

CANDIDE.
Celle qui les présente.

(*Candide & sa femme s'asseoient au pied de l'arbre sur lequel est monté Justin.*)

PANGLOSS, *à Caleb.*
Vous ne connoissez donc pas votre voisin, ce Derviche atrabilaire, qui vient de nous recevoir si mal ?

CALEB.
Non : je vis tranquillement ici avec ma famille, & je ne vois personne.

MARTIN.
Ah ! que vous avez bien raison ! les hommes sont méchans, les femmes sont perfides, & je vais vous prouver....

CALEB.
Non, je vous remercie : si c'est une vérité, elle est bien affligeante.

PANGLOSS.

N'écoutez pas Monsieur Martin, c'est un radoteur. Moi, je veux vous prouver que tout est au mieux, dans le meilleur des mondes.

CALEB.

Monsieur, cela se peut bien. (*A part.*) Quelle espece de gens!

CACAMBO, *à part, appercevant Justin dans l'arbre.*

Eh mais.... je ne me trompe pas... Non, vraiment, c'est Justin!

JUSTIN, *lui faisant signe de se taire.*

Chut.

ZÉLIE, *à Cacambo.*

Paix donc.

CACAMBO.

Et voilà sans doute la charmante Zélie.

CANDIDE, *à Caleb.*

Vous devez avoir une grande & magnifique terre?

CALEB.

Je n'ai que vingt arpens; je les cultive avec mes enfans; le travail éloigne de nous trois grands maux, l'ennui, le vice & le besoin.

Mde CANDIDE, *à part.*

Que je me plais parmi ces bonnes gens!

CANDIDE.

Votre famille est-elle nombreuse?

COMÉDIE.

CALEB.

Le Ciel ne m'a donné que deux filles; l'aînée a épousé cet honnête garçon que vous voyez près d'elle.

M^{de} CANDIDE.

Ils paroissent, quoique mariés ensemble, s'aimer bien tendrement.

OSMIN.

AIR : *Andante d'un symphonie d'Haydn.*

Chez nous sans effort on s'aime,
On s'aime de bonne foi ;
De s'aimer toujours de même
On se fait la douce loi :
D'une constance pareille
Chacun a l'espoir certain,
Et plus encor que la veille,
On s'aime le lendemain.

ZULMIS, ZÉLIE.

Mineur.

Le chant des oiseaux,
Le bruit des ruisseaux,
Les arbres naissans,
Les vents frais & caressans,
Les brillantes fleurs,
Leurs douces odeurs,
Tout dans ce séjour
Invite à l'amour.

ZULMIS, ZÉLIE, OSMIN, CALEB.

Aussi sans effort on s'aime, &c.

CALEB.

Je compte bientôt unir la cadette à un jeune orphelin que j'ai adopté.

CANDIDE.

Que je vous porte envie ! vous augmentez votre famille, & moi, je n'avois qu'un fils, je l'ai perdu.

M^{de} CANDIDE, à Caleb.

Vous êtes donc bien heureux ?

CALEB.

J'ignore si l'on peut l'être davantage, mais je n'ai jamais desiré de changer mon sort contre celui d'un autre homme.

M^{de} CANDIDE.

Que j'aime à entendre ce bon vieillard !

CANDIDE.

Voilà cette félicité parfaite, que j'ai vainement cherchée jusqu'à ce jour.

M^{de} CANDIDE.

Eh bien, mon ami, ne pourrions-nous donc la trouver encore ? Ah ! l'exemple de ce respectable vieillard m'éclaire & m'apprend mon devoir.

AIR : *O toi qui suis par-tout mes pas.*

Richesse, éclat, vaine grandeur,
Ah ! pour jamais je vous oublie.

CANDIDE.

D'une fausse philosophie
Je ne poursuivrai plus l'erreur ;

COMÉDIE.

Cette sagesse simple & pure,
Qui seule fait le vrai bonheur,
Elle est en nous, dans notre cœur,
C'est un présent de la nature.

Mde CANDIDE.

O mon ami, daigneras-tu oublier....

CANDIDE.

Ne pensons plus qu'à l'avenir.

Mde CANDIDE.

Hélas! une chose encore va troubler notre félicité.

CANDIDE.

Ah oui, l'absence d'un fils.

Mde CANDIDE.

N'est-ce pas que s'il étoit avec nous....

CANDIDE.

Je n'aurois plus rien à désirer.

Mde CANDIDE.

Ni moi.

JUSTIN.

Que je suis ému!

Mde CANDIDE.

Ce sont les leçons ennuyeuses de ces maudits raisonneurs qui ont causé sa fuite.

PANGLOSS & MARTIN, *se montrant l'un l'autre.*

C'est Monsieur.

62 *CANDIDE MARIÉ*,

CANDIDE *ainsi que sa femme, toujours assis au pied de l'arbre où est caché Justin.*

AIR: *Sous un ormeau.*

Ah! mon cher fils!
Sur ton départ quand je gémis,
Loin de nous aussi,
As-tu le même souci!

JUSTIN, *toujours caché.*
Oui,

M^{de} CANDIDE.
C'est toi seul désormais
Qui cause mes regrets.

JUSTIN.
Si j'osois....

M^{de} CANDIDE.
Près d'un fils, d'un époux,
Que mon sort seroit doux!

JUSTIN, *descendant.*
Montrons-nous.

M^{de} CANDIDE, CANDIDE.
Aimable enfant,
Mon cœur t'appelle en ce moment,
Vois ma peine, hélas!
Viens dans mes bras.

JUSTIN, *les embrassant.*
M'y voilà.

M^{de} CANDIDE, CANDIDE.
Ah!
Mon fils!

COMÉDIE.

CALEB, MARTIN, PANGLOSS.

Son fils !

JUSTIN, *à son pere & à sa mere.*

Pardonnez-moi le chagrin que vous a causé mon absence.

CANDIDE.

Il est oublié, puisque je te revois.

M^{de} CANDIDE.

Nous ne songeons plus qu'au plaisir que nous fait ton retour.

CALEB, *à Justin.*

Vous m'avez donc trompé en vous donnant pour orphelin ?

JUSTIN.

Pardon, mon cher Caleb.

PANGLOSS, *à Justin.*

J'espere que vous n'avez pas oublié mes principes de philosophie ?

MARTIN.

Je crois qu'il ne se souvient plus guère des miens.

JUSTIN.

Vous l'avez dit.

M^{de} CANDIDE.

Eh, Messieurs, laissez-le tranquille.

CALEB.

Aux discours de ces Messieurs, je conçois facilement le motif de ton départ, & je te pardonne ton petit mensonge. (*A Candide.*) Puisque je l'avois choisi pour gendre, le croyant orphelin, je ne retirerai point ma promesse au moment où il retrouve ses parens; si vous y consentez, rien ne sera changé.

ZÉLIE, *à Candide & à sa femme.*

Voudrez-vous bien de moi pour votre fille?

M^{de} CANDIDE, CANDIDE.

De tout mon cœur.

CANDIDE.

Nos deux métairies sont peu distantes l'une de l'autre; nous ne ferons qu'une même famille.

M^{de} CANDIDE.

Oui, sûrement: & Messieurs Pangloss & Martin peuvent maintenant chercher fortune ailleurs.

CALEB.

Pourquoi donc? ces Messieurs se portent bien, ils sont forts, ils travailleront: les cultivateurs ne sont jamais à charge.

CANDIDE.

Mais sur-tout plus de philosophie.

PANGLOSS.

A la bonne-heure, moi, je travaillerai.

CACAMBO, *à Martin.*

Et vous, papa?

MARTIN.

Il le faut bien.

PANGLOSS,

COMÉDIE.

PANGLOSS, *à Martin.*

Ne vous inquiétez pas, nous trouverons encore de tems en tems des occasions de nous disputer.

CACAMBO.

Oh que oui, aux heures de récréations.

CANDIDE.

Je vais donc enfin être heureux !

PANGLOSS.

Mais certainement, je vous l'ai toujours dit.

VAUDEVILLE.

PANGLOSS.

Air : *Par sa legéreté.*

Tout est bien.

MARTIN.

Tout est mal :
Je le soutiens encore.

PANGLOSS.

D'un fils qui vous adore
Le retour.....

MARTIN.

Est fatal.

PANGLOSS, MARTIN.

Par mon systême
Vous voyez enfin,

CANDIDE.
Je vois qu'il faut soi-même
Cultiver son jardin.

CALEB.

Des intérêts des grands
L'homme obscur s'inquiette ;
Il détruit, il projette
Cent rêves différens ;
   Quelqu'aventure
L'éveille à la fin,
Quand faute de culture,
A péri son jardin.

CACAMBO.

Travaillant lentement,
Soupirant sans relâche,
Bien des gens de leur tâche
Se plaignent constamment ;
   Moi, je m'empresse,
Content du destin,
Et je chante sans cesse,
Cultivant mon jardin.

Mᵐᵉ CANDIDE.

Quand la femme en tout tems
Soigne bien son ménage,
Et chérit sans partage
Son époux, ses enfans,
   Le mari sage
Doit soir & matin,
Toujours avec courage,
Cultiver son jardin.

COMÉDIE.
JUSTIN.

Sans peine dans nos champs,
Pour m'aider à l'ouvrage,
Je trouverois, je gage,
   Bien des gens
    Obligeans;
  Mais je possede
  Un petit terrein,
Et j'espere, sans aide,
Cultiver mon jardin.

EN CHŒUR, au Public.

Aujourd'hui, tout tremblant,
Un Auteur, pour vous plaire,
Dans le parc de Voltaire,
Entre furtivement,
  Vole en cachette;
Mais l'heureux larcin!
S'il a, d'une fleurette,
Orné notre jardin.

  Ah! qu'il répete
  Cet heureux larcin,
S'il a, d'une fleurette,
Orné notre jardin.

Lu & approuvé pour la représentation & l'impression.
A Paris, le 7 Novembre 1787. *Signé*, SUARD.

Vu l'Approbation, permis de représenter & imprimer.
A Paris, ce 20 Mai 1788. *Signé*, DE CROSNE.

De l'Imprimerie de CHARDON, rue de la Harpe.

www.ingramcontent.com/pod-product-compliance
Lightning Source LLC
Chambersburg PA
CBHW050016230526
45470CB00003B/996